NOTES D'ART

—

E. COUTURIER

JUSTIFICATION DU TIRAGE

à Cent Cinquante Exemplaires

Quinze *Exemplaires sur papier impérial du Japon de l'Intsetsu-Kioku de Tokio, numérotés et signés de* un *à* quinze.

Cent trente-cinq *sur papier d'Annonay de luxe, numérotés de* seize *à* cent cinquante.

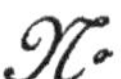

M. M

1896

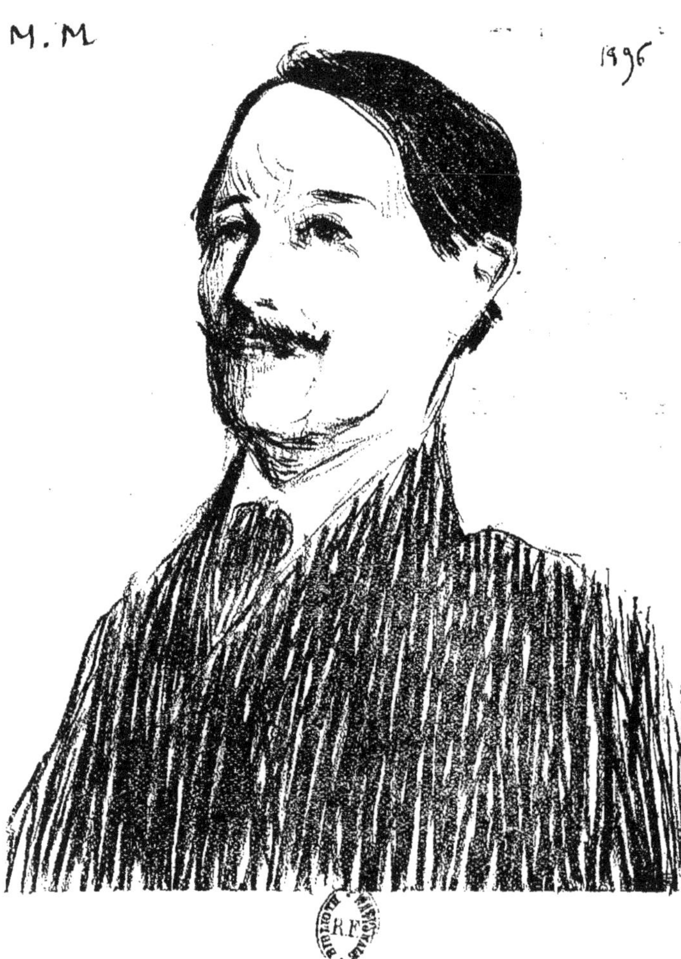

NOTES D'ART

—◆✕◆—

E. COUTURIER

DESSINATEUR

PAR

Emile STRAUS

Avec un Portrait par Marc MOUCLIER
Une Phototypie et deux Lithographies

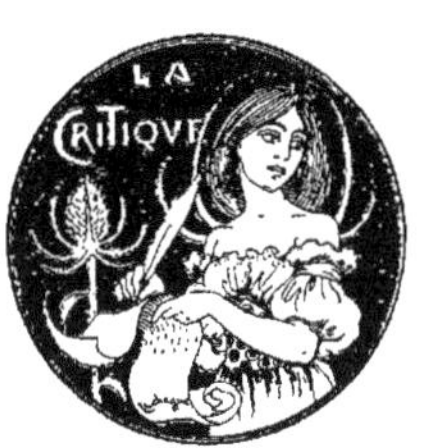

PARIS

BIBLIOTHÈQVE D'ART DE LA CRITIQVE

50, Boulevard de La Tour-Maubourg, 50

M DCCC XCVI

E. COUTURIER

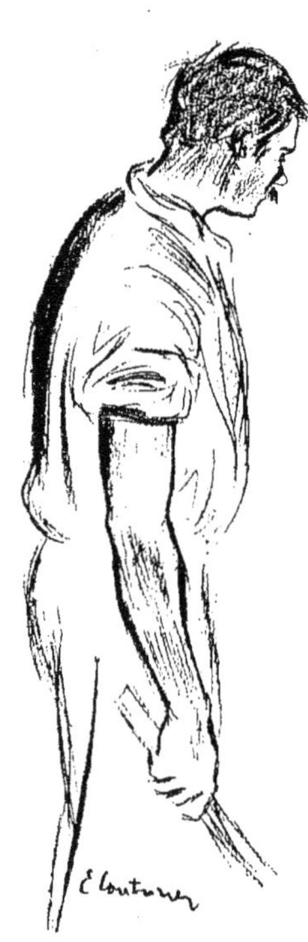

Edouard Couturier peut être classé parmi les impulsifs, ceux chez qui la vocation, en dépit des ascendants et des conditions matérielles, se révèle impérieuse, — et même contrariée, dépouillée de la base formelle de l'éducation classique, demeure.

Né à Vincennes en 1871, Couturier débute chez ses parents, marchands de vins, comme garçon. Le zing est son premier maître. Par son métier il prend contact avec l'ouvrier, vit sa vie, étudie son âme, dans toutes ses manifestations.

Une seconde éducation se superpose : la rue et son fructueux vagabondage, ses vibrations fixées aux croquis pris aux berges, aux bancs, aux bals de barrière. Présenté à MM. Forain et Degas, il réunit et fortifie les éléments d'une personnalité anxieuse de se révéler

Le régiment, trois années d'isolement dans un fort de l'Est, murit l'artiste par l'impression externe et la sensibilité exacerbée. Le manque d'imprévu, les pensées et les besognes vides, la solitude morale entre les talus géométriques, la tristesse des plaines sommeillant sous le col effilé des canons... que de facteurs inconscients dans l'affirmation d'un talent. La délivrance, le retour avec une musette d'illusions, la poche légère ; l'exil dans une banlieue, écart volontaire de deux années, concentrant les énergies décisivement organisées. Depuis à Paris, résolu à une lutte effective.

D'extérieur, Couturier est le parigot en soi, faubourien vif, souple, œil futé, brillant, bouche gouailleuse, siffleuse ; d'aspect gai, dégagé, verbe coloré, d'une confiance qui n'est pas fatuité. Seuls, la vivacité du regard, la motilité du geste actif dans la discussion, trahissent le feu intime.

Le premier dessin publié parut en 1888 dans l'*Illustré Moderne*. En 1889, Couturier exécute une importante série de tableaux, sur l'Opéra, aujourd'hui en Angleterre dans la galerie de Lord Pakkenham, puis une suite de pastels et gouaches sur les filles, les bals publics, les cafés-concerts dispersés dans les collections du général Torbert, de M. Henri Lavedan, Coquelin, etc.

Puis la production devint plus abondante ; E. Couturier s'est affiné, révélé observateur, pour fixer d'un trait rapide dans l'illustration, êtres et choses.

Ce sont des pages à *Paris Joyeux*, au *Journal pour Tous*. Puis il bataille aux grands jours du *Chambard* et du *Monde Nouveau*. Actuellement collabore à la *Critique*, au *Rire*, au *Don Juan* et prépare une suite d'Albums sous

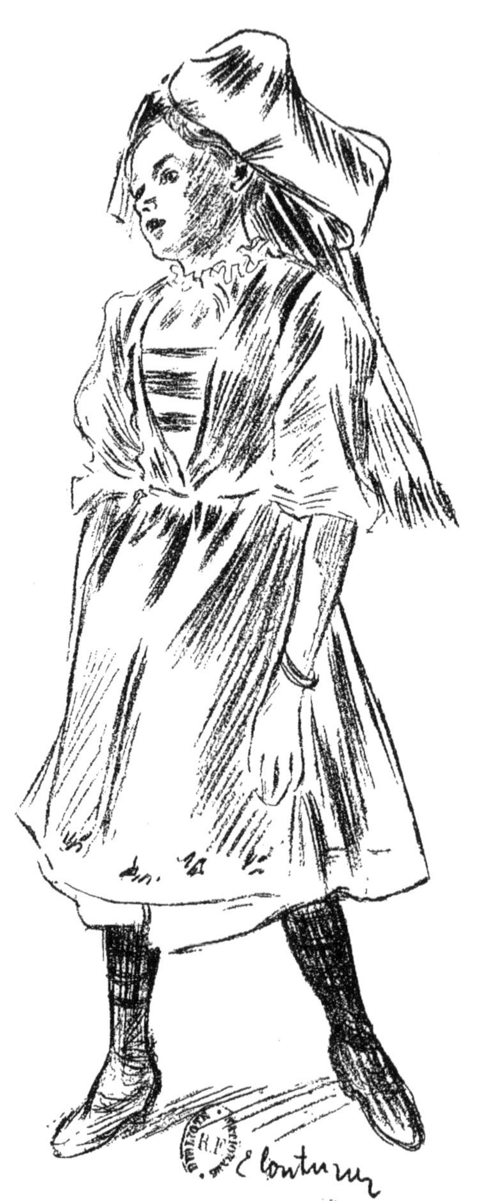

les titres : *Les Ignorants ou le Péril Social* ; *Gens de Maison* ; *Sous les Drapeaux*.

Différents ouvrages ont été parsemés de croquis entr'autres *Fragiles* de M. Louis de Robert ; *Sous la Fenêtre* de M. Paul Brulat ; *l'Almanach Georges Bans* pour 1896 de M. Papyrus et *l'Almanach du Monde Nouveau*.

Enfin les murs de Paris virent diverses affiches : *La Critique*, les *Notes d'Art* et l'*Etablissement central d'Aérostation*.

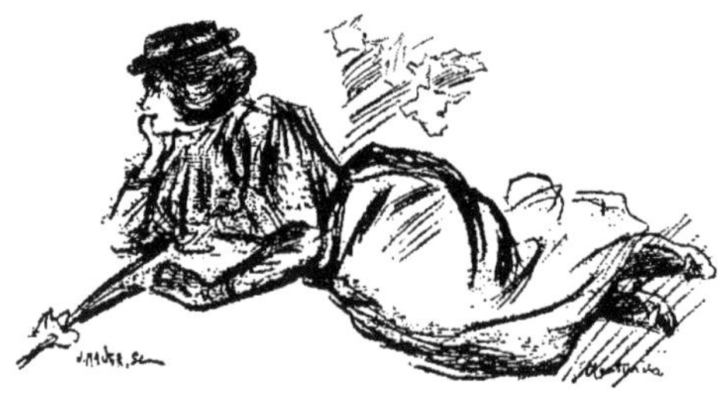

Léonard clamait la lumière universelle du soleil, Gœthe, au lit de mort traduisait ce désir inhérent à l'âme par : *Licht, licht*. Cette bienheureuse lumière épandue à flots sur les œuvres des actuels impressionnistes ne magnifie pas seulement les œuvres mais les vivifie d'une flamme intense.

La lumière par les multiples transformations d'éclairage se décompose en mille teintes. Il faut fixer en un insaisissable moment les ondes virevoltantes, folie de luminisme adéquat surtout au théâtre, joignant à l'irréalité de l'évocation la fantaisie d'un éclairage déconcertant.

Le rang conquis par l'Impressionnisme dans la moderne esthétique est si prépondérant, répond si justement à notre désir d'instantanéisation d'impressions fugaces, éjouit l'œil blasé désireux de jouissances inexprimées qu'il serait oiseux en refaire la définition.

En possédant l'art de percevoir l'influence des complémentaires pour augmenter l'intégralité de l'impression visuelle, Couturier accroît l'intensité des tons par des gammes chantantes qui s'élèvent de l'aspect sombre, se combinent sur la rétine et produisent la vibration désirée.

Par cette méthode appliquée le Pastel n'est plus pour rendre le joli des minois. Lui aussi descend dans la rue, enjambe le talus pelé des fortifs, envahit les banlieues squammeuses ; ainsi, ce délicat d'antan décrit par le procédé fin, les physionomies dures des ouvriers, les relents, les aspects rogues. Au lieu de finesses mollement duvetées, ce sont des zébrures largement plaquées qui déterminent les éléments de la coloration générale, décrivent la sensation brève, répartissent la lumière et notent sans préparation les dominantes.

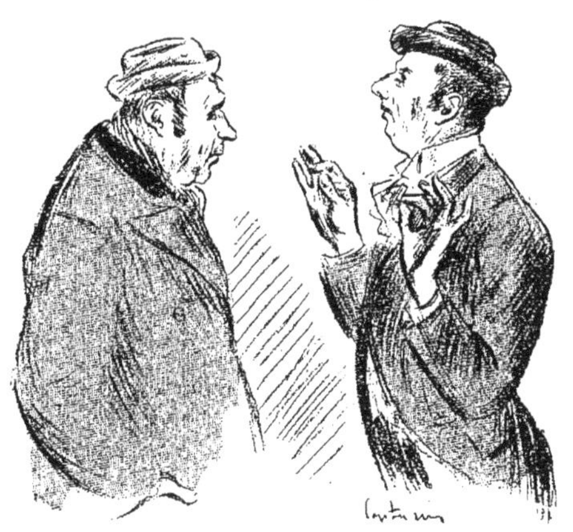

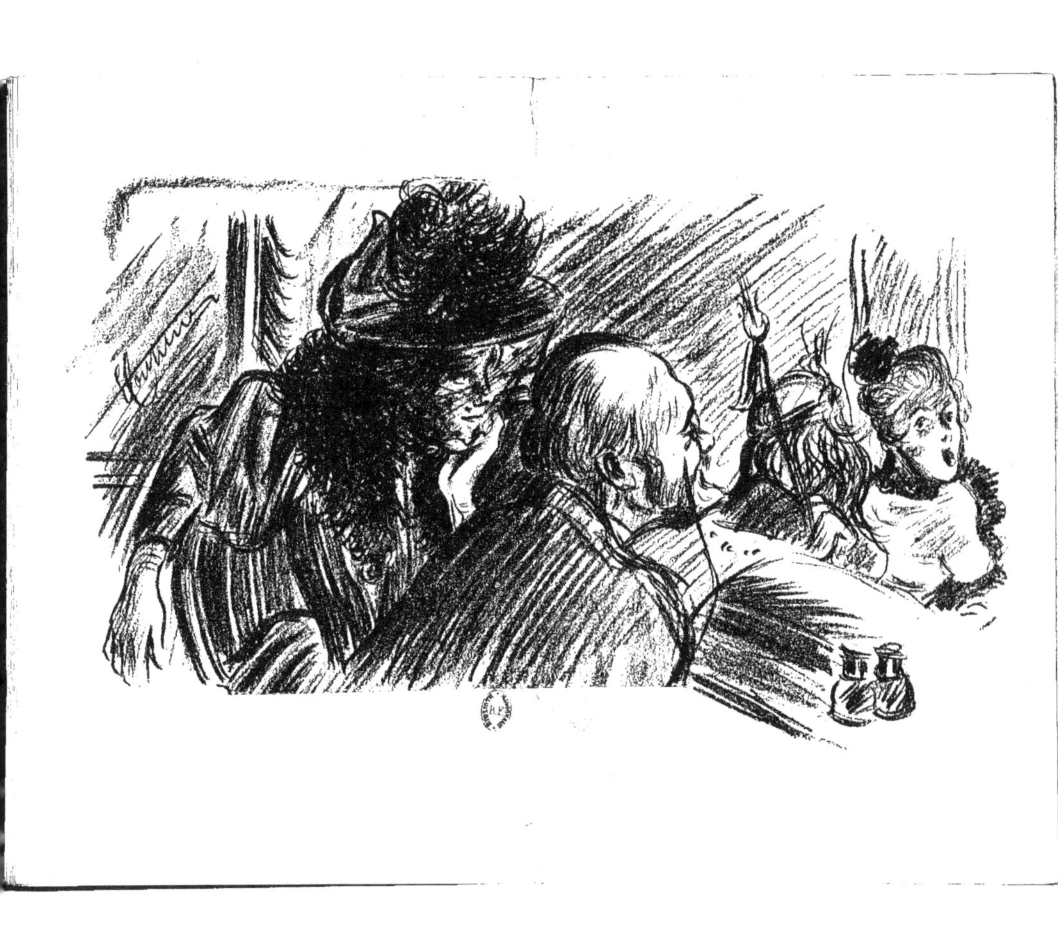

Le satiriste qui s'est évadé de la caricature déformante, pour, par de seuls traits presqu'insensibles dégager le sens intime, ajouter à la stricte représentation extérieure un indéfinissable persuasif qui décèle les vices, l'âme basse, devient la glace paisible reflétant la laideur morale ambiante.

Le calme de ces dessinateurs déconcerte, effraie ; la violence n'est pas en surface, elle éclate seule de l'intonation de la légende. Quelle joie doit être celle de ces impassibles, de subir l'assaut de la théorie paille-poutre, d'être taxés d'exagération en de simples copies admirablement sélectées.

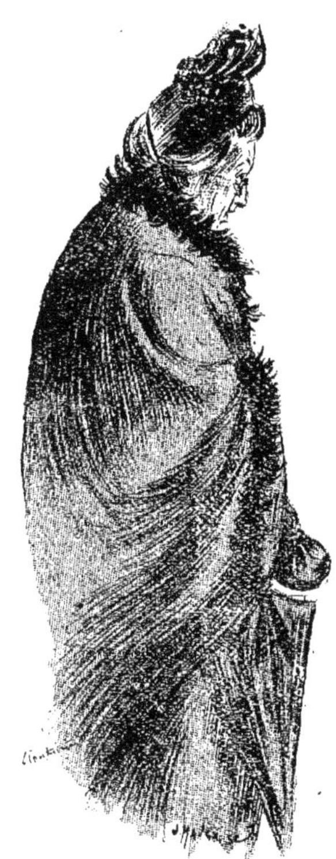

Sous la plombée des vices, les dos voutent, les joues cavent, les yeux pochent, les doigts boudinent, les jambes arquent, et les ventres où terre l'âme faisandée mollissent. Ces anthropoïdes qui s'étiquetent au catalogue social « Tout-Paris » sont les bienfaisantes ptomaïnes hâtant la décomposition d'une société en mal de rastaquouérisme.

Ce mal moral descend encore plus bas et Couturier en caractérise l'inconscience dans son dessin : *A l'Opéra.*

Au premier plan, un abonné cause à une vieille femme, mère d'un petit rat que l'on aperçoit serrant de très près un monsieur à favoris.

— Eh bien votre Lolotte le tient enfin son prince russe !

— Faut bien !

Ce *Faut bien* de la mère est admirable.

La férocité froide dérive sous la montée de la personnalité. L'artiste fait alors vibrer une parcelle de son *Moi*, un *Moi* généreux condensant de sincères pitiés et d'abondantes tendresses.

Ses danseuses ne sont pas toutes des bêtes luxueuses, endiamantinées. Ce sont de pauvres héresses grillant, halétantes, une *sèche* derrière un portant. Elles sont maigres, laides, le cou cigogne ; des torsades de crins durs lubrifiées de pommades suries dévalent sur les salières, coudes pointus, jambes déformées, ce sont les marcheuses que ne guette point le faune du foyer.

Au delà ce petit drame puéril s'estompe un grouillis de couleurs, de formes, de mouvements devinés. L'étincelle de cuivre du pompier, l'appel rouge d'un manteau, le fourmillis d'un brouhaha d'entracte.

Sur le tout pleure, des herses, une lumière pourrie, cireuse, luttant avec les mauves opales électriques, clignotante, battue de grands trous d'ombres, pitoyable dans la poussière qui monte... (A)

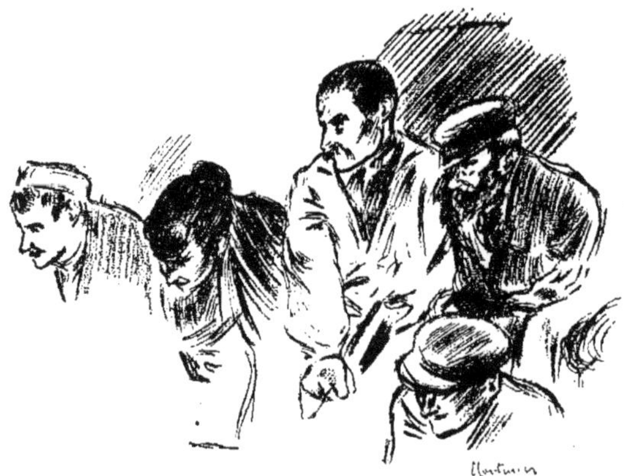

(A) *Les Danseuses*, Pastel — Collection de M: Emile Straus.

Le Café-Concert fait partie intégrale de la vie populaire ; ses refrains parturés aux ampoules électriques se distillent en goutelettes d'obsession, se dentelent aux rhytmes de la scie dans l'âme simplice, pour finir en faire portion intime. Ce sont les romances belardes roucoulées sous les tonnelles par les couples loupeurs ; à l'atelier, rugi de pectoraux velus, l'hymne au travail. Partout plane la vierge polluée de Chanson, tendant généreuse les fils des mélodies sur la dure Vie, créant une communion d'âme farouche, légère ou niaise. Et ce public, amant de la fée poisseuse, née entre un mazagran pâle et des cerises moisies, comme Couturier l'a étudié, le possède !

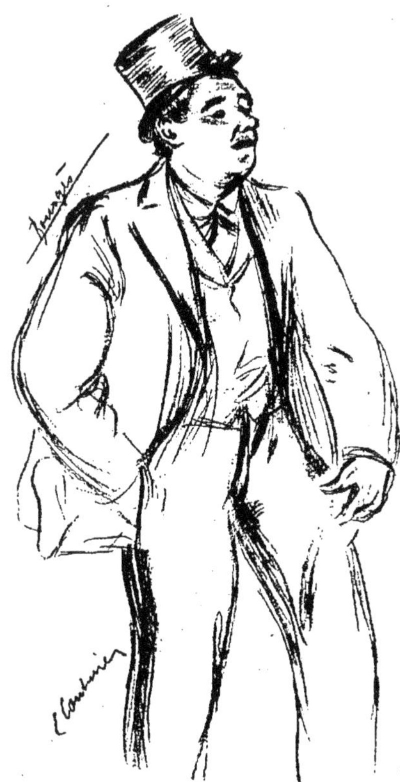

Casquettes, ouvriers, voyous, filles crottées aux yeux de piment bas, dardant travers la fumée tiède des pipes ; senteur des alcools, des vinasses ; goussets fauves, émanations vertigineuses d'humanité sale, — ce qu'en scène, crépie de fard gras, roulis de seins mollasses, éructe la chanteuse.

Couturier avec son instinct peuple à découvert l'âme du beuglant ; c'est aux galeries hautes qu'il chercha le sentiment de la foule. De la rampe au cintre, il voyage en ces yeux hagards, yeux de souffrance et d'émeute, détendus emparadisés à la joie du spectacle proportionné.

Un eréthisme spécial s'élève du bruit, des lumières, des gerbes de cuivre de l'orchestre martelées de percussions.

Chaque artiste synthétise un type délimité. Ce beau garçon, cheveux crespelés, gratte le coq patriotique, l'inbasculable plate-forme de belle-mère se figure par ce bloc de chair au gloussis de pintade. Voilà la bestiole aux élytres bleues, blondasse lymphatique qui soupire les sentiers fleuris de rossignols où se perpètrent les oaristys.

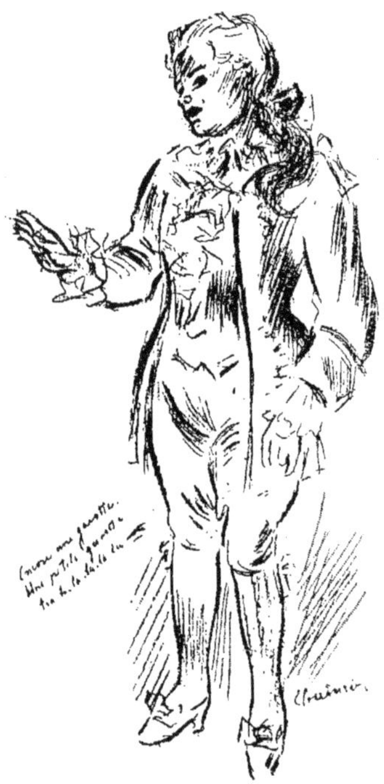

Le cri de l'individualité clamé rouge des lèvres, la révolte de l'homme contre la majorité inepte se précise par ce crayon frémissant taillé en plein bois de fusil. Dans un flamboiement il désigne de sa pointe menaçante l'aube des revanches futures. Alors il se fait pic, pioche ou marteau pour saper les antiques murailles, ouvrir dans le vieil édifice social de lumineuses brèches.

S'étendent silencieuses les plaines piquées de cheminées mousseuses de volutes. — Troupeaux de miséreux qui erre et se serre pour avoir moins froid à l'âme pendant

l'hiver de la vie. Des yeux sombres mangés de fièvre, qui voudraient pouvoir pleurer, des bras desséchés, des poitrines évidées, tout un déchet industriel élimé par la machine, broyé au laminoir, tangue sous le vent fou de grève, à la menace des charges prochaines, — Cheminaux, cotereaux, trimardeurs traînent aux rubans blancs des routes, vaincus aux bornes. Peuple have, haillonneux, effiloché en l'humaine Comédie des Larmes. — C'est la Fille dans son cycle de bête forcée. Couturier dépeint les affres de la chasse à l'homme pour en dégager l'ignominie et la tristesse. L'abominable géographie du vice se for-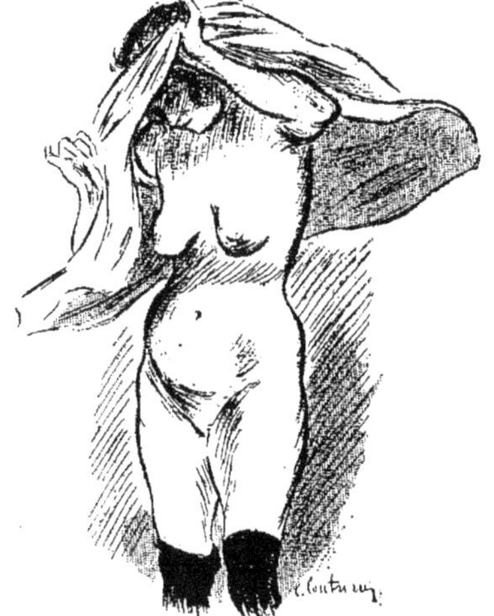mule découvrant les as-
phaltes des boulevards ex-
ternes ; une odeur de sang
surgit de l'instinct lâché
aux folies charnelles, religion horrible symbolisée
du triangle touffu. Il va
toujours le dessinateur, de
la barrière au *Moulin
Rouge* et au *Casino de
Paris*.

Voilà d'autres décom-
positions, les androgynes
gambillent aux promenoirs des établissements de joie jalousés des filles aux yeux kohlés, lèvres hématosinées ; ce sont les marchandages, les roueries d'une existence lamentable, ferments fétides sur la cuve vitale.

Opposite se jalonnent les bonshommes solennels bénisseurs et bonisseurs, les principes en marche, les soutiens de la société.

Violent, car descripteur des gestes qui apeurent ; humain

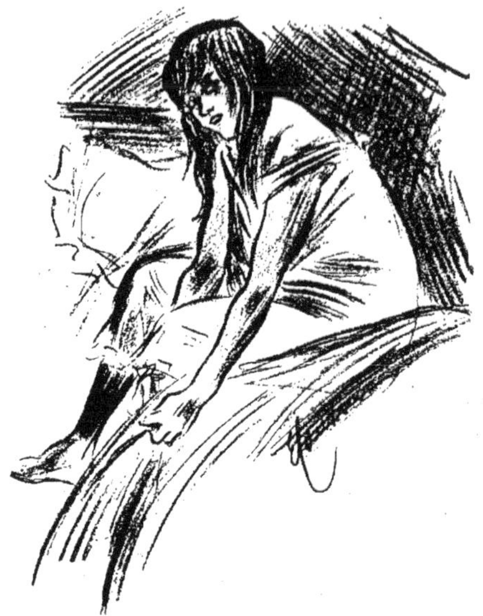

certes, car il éprouva. Heureux d'agir, il va, vient, monte, descend, des populaces aux élégances mondaines, ignorantes du péril social. Il ne peut donc s'étiqueter, se cataloguer suivant l'heur des classificateurs ; par sa diversité, il échappe.

Mais Couturier n'est pas purement objectif, déconcertant prosecteur, décortiquant fil à fil. S'il manie la matière douloureuse, il est ému, vibrant, pitoyable. Le souci de la forme n'est donc plus *fin*, l'idée se dégage immédiate pour courir ailée à la lutte.

L'âme moderne doit exprimer en toute volonté, chaînes et préjugés brisés, sa joie, ses souffrances, ses émotions. Libérer le procédé du mode conventionnel, le laisser à la recherche du gesteur, sans altérer les formes littéraires et philosophiques de la conception.

Aussi Couturier ne multiplie pas les détails, il supprime l'anecdote pour faire ressortir l'allégorie ; la signification morale se dégage saisissante de l'expression.

Ce n'est plus dans l'envolis de la pensée une mourante irréalité, trouble étrangement véridique, telles les imaginations de Marc Mouclier ; ce n'est plus le mystère, le lointain, l'intangible, ce ne sont plus des rythmes mélodieux de couleur, l'immarcessible Beauté qu'exalte l'artiste, c'est un Naturalisme

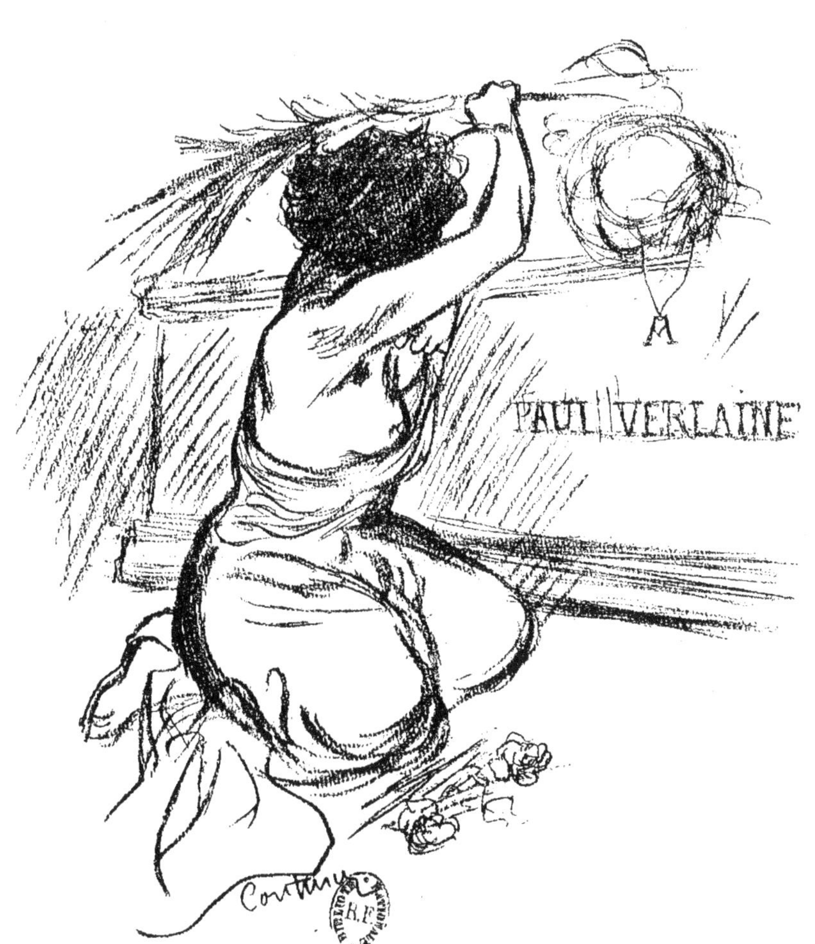
A
PAUL VERLAINE

didactique qui anime son concept, c'est l'Humanité. Par le
travail, le vice, les tares héréditaires, le galbe du corps a
disparu et s'est opérée la sélection à rebours. Etayée d'unions
intéressées, dégénérée par l'abus des jouissances, elle a dévié
du type de beauté formel pour la marche sur un idéal unique
de laideur et de difformité... Le manteau troué de Religion
des tendeurs de sébile, la parade soldatesque, les jupes ma-
gistrales, tout s'agite, s'étale, pantine en des pages brutales,
forçant l'attention de ceux qui obturent d'indifférence la béa-
titude des yeux et des oreilles !

Si la Musique, avec Gustave Charpentier vola aux sommets
sublimes ou l'Harmonie devient Pensée pour gronder la haine,
la douleur et la révolte, combien plus puissante peut atteindre
la représentation intégrale.

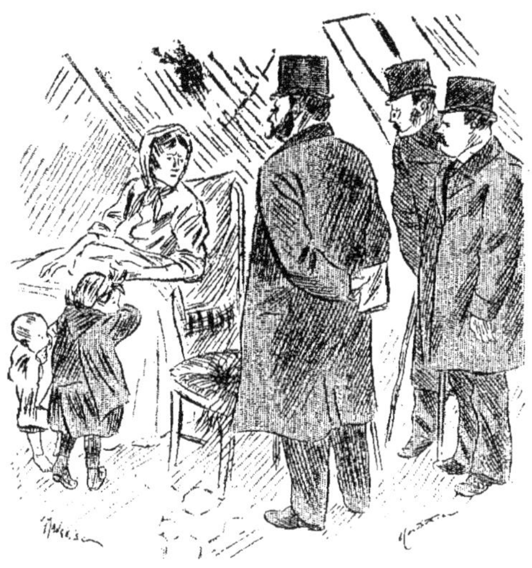

En résumé dans Couturier d'art social, se décèle une aspi-
ration vers des temps futurs, une répulsion du laid moral, le

bonheur de frôler le triste, le persécuté. Chevaucheur, crayon foncé sur d'immémoriaux moulins de préjugés qui revanchèrent peut-être leurs ailes déchiquetées... mais le grain sera germé dans le champ hostile.

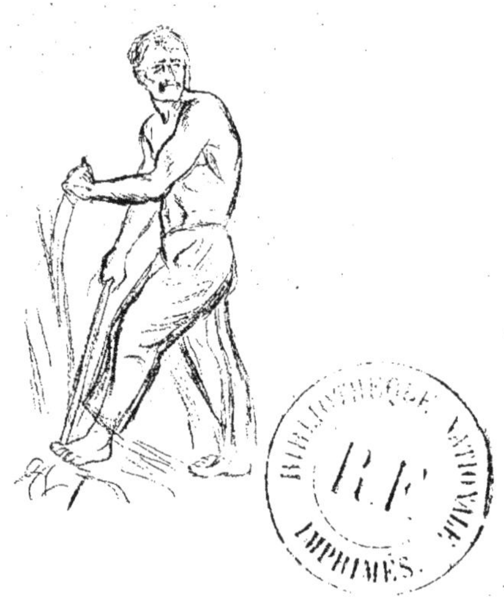

Achevé d'imprimer
Le vingt juin mil huit cent quatre-vingt-seize,

PAR

EMILE PIVOTEAU

Imprimeur de

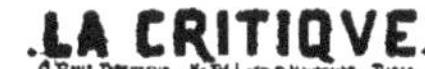

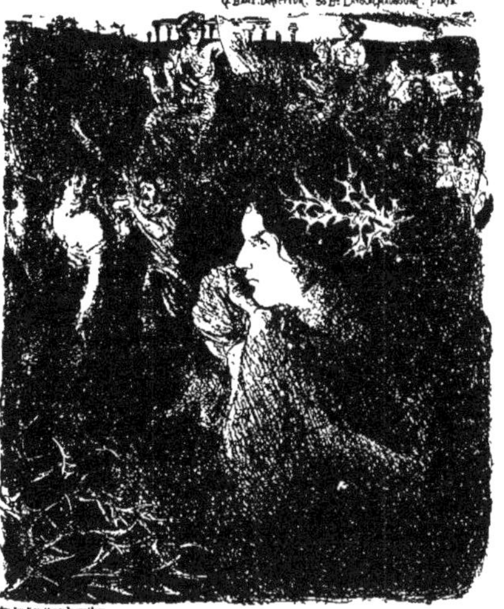

à Saint-Amand (Cher)

—

La PHOTOTYPIE fut tirée

PAR

ALFRED ARON

30, Rue Lebrun

PARIS

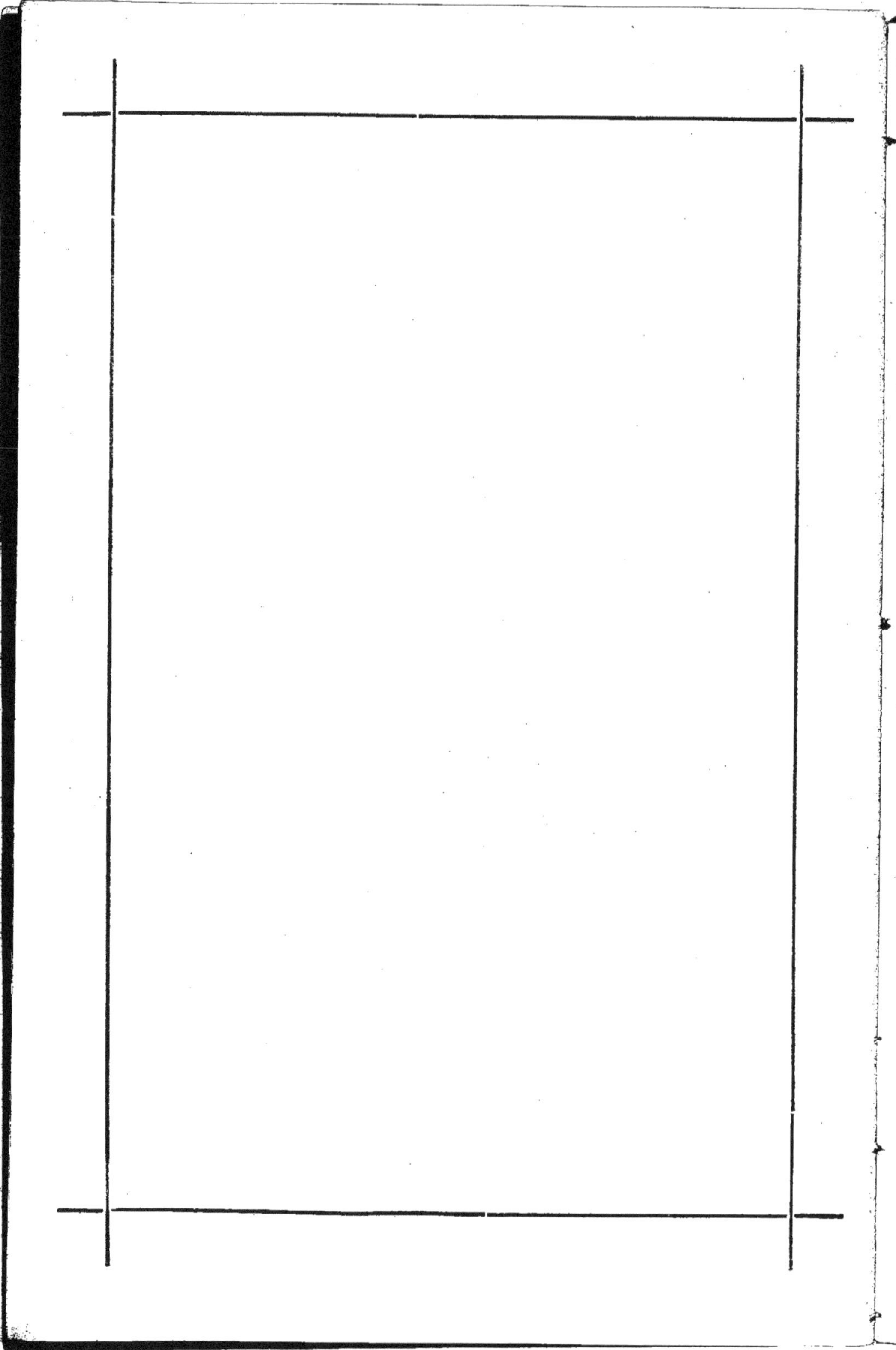